(7)

DE
LA COUR SUPRÊME.

DEUXIÈME FRAGMENT

D'UN OUVRAGE

DE THÉORIE JUDICIAIRE;

Par M. BRILLAT DE SAVARIN,

CHEVALIER, CONSEILLER EN LA COUR DE CASSATION.

Je ne connais qu'une chose également bonne dans tous les pays, c'est la justice.

M. DE LÉVIS, *Angleterre, au commencement du 18e. siècle.*

PARIS,

DE L'IMPRIMERIE DE TESTU,

Rue Hautefeuille, n. 13.

1814.

Le premier fragment du Choix des Juges a paru en l'an 8.

DE
LA COUR SUPRÊME.

Tout ce qui se fait par les hommes porte avec soi le germe de la destruction; et la législation, quoique faite pour régler l'avenir, n'est pas à l'abri des ravages du tems.

Cependant, par un effet remarquable du retour de l'esprit humain sur lui-même, il peut calculer la faiblesse de ses propres combinaisons, y remédier en grande partie, et assurer aux institutions qu'il crée une durée telle que le terme probable n'en arrive que quand le peuple pour lequel elles auront été faites aura subi de notables changemens.

Ainsi, après avoir fait les lois, établi les tribunaux, et choisi les juges, le législateur ne croira pas avoir donné à son ouvrage toute la perfection dont il est susceptible, tant que, par les précautions convenables, il ne se sera pas assuré que la machine qu'il a organisée marchera invariablement au but qu'il s'est proposé.

I.

Des causes de deux espèces peuvent agir sur la législation.

La première série de ces causes se compose des changemens qui surviennent chez les peuples par l'accroissement ou la diminution de richesses, de lumières, de puissance ; par les ravages de la guerre, la dépravation de l'esprit public, le changement de gouvernement. et autres circonstances pareilles qui font que les lois ne conviennent plus à la société, parce qu'elles ont été faites pour des hypothèses qui n'existent plus, ou du moins qui n'existent plus de la même manière.

Cet ordre de choses, que le tems n'amène que par gradations presque insensibles, arrive brusquement et toujours à la suite des révolutions qui créent, modifient ou détruisent les empires ; il est du ressort de la politique et du domaine de l'histoire générale des nations.

La seconde série des causes qui agissent sur la législation, prend sa source dans le sein même des institutions judiciaires, et tient, soit à l'incertitude des limites de leur pouvoir, soit à la nature des questions qui y sont agitées, soit aux dispositions individuelles des magistrats; et l'examen en tombe nécessairement dans le plan que nous nous sommes proposé.

II.

L'incertitude des attributions donne lieu à de grandes et nombreuses difficultés dans l'exercice de la justice.

Il est des matières qui ne sont ni réelles, ni personnelles; et des procès dont divers tribunaux peuvent réclamer la connaissance presque avec un égal avantage.

Il est des fonctions d'une nature ambiguë, ou plutôt qui en changent, suivant la manière dont on les envisage.

Il est des hommes dont les actions ressortissent de diverses jurisdictions, suivant qu'ils procèdent comme agens de l'autorité, ou comme simples citoyens.

Des nuances imperceptibles distinguent la finesse de la fraude, l'escroquerie du vol, la dissimulation du faux.

Enfin il est difficile que la ligne qui forme la limite de chaque pouvoir, ou de chaque branche du même pouvoir, soit tellement précise, que les extrêmes ne se touchent pas, ou même ne se confondent pas quelquefois.

Ainsi, sous ce premier rapport, les sources d'erreurs se rencontrent à chaque pas, parce que le doute ne doit pas entraver la marche des affaires; et qu'après avoir bien réfléchi, on finit souvent par se tromper.

III.

Les procès n'ont presque jamais lieu dans les cas que la loi a clairement réglés, mais seulement dans ceux qu'elle n'a pas prévus, ou qu'elle n'a qu'imparfaitement décidés.

Pour résoudre les questions qui résultent ainsi du silence, de l'imperfection, ou de l'obscurité de la loi, il faut de toute nécessité recourir à des principes généraux de législation, chercher à découvrir le but présumé du législateur, et comparer entre elles diverses lois, ou divers articles de la même loi.

Or si, parmi les tribunaux, tous ne partent pas des mêmes principes, ou tirent de ces principes des conséquences différentes, il n'y aura bientôt plus d'unité dans leurs décisions; avec le tems, la divergence augmentera en s'étendant par analogie d'espéces en espéces, et enfin plusieurs de ces tribunaux viendront au point de se trouver en opposition absolue avec le vrai sens de la loi.

C'est ainsi qu'autrefois en France chaque Parlement était parvenu à se faire une jurisprudence particuliére, et que les mêmes questions, dérivant des mêmes textes, étaient jugées dans un sens tout-à-fait opposé, suivant qu'elles avaient été agitées dans les Parlemens du Midi ou du Nord du royaume, dans les pays coutumiers ou dans ceux qu'on appelait de droit écrit.

I V.

Les circonstances personnelles qui peuvent contribuer à égarer les juges sont principalement les suivantes :

Ils peuvent être influencés par leur opinion particulière, mise en opposition avec la volonté du législateur ;

Par d'anciennes habitudes, contractées avant le dernier état de la législation ;

Par des préjugés provenant de leur éducation, de leur naissance, ou du rang qu'ils tiennent dans la société ;

Par l'esprit de parti, pris dans toutes ses modifications ;

Par la désaffection envers le gouvernement, ou par le désir immodéré de lui plaire ;

Enfin par la tendance naturelle qu'ont toutes les autorités à chercher à s'agrandir.

V.

Si ces diverses causes doivent avoir dans tous les tems un effet quelconque, avec combien plus de force n'agissent-elles pas lorsqu'il s'est opéré un changement dans le système des lois, ou du gouvernement.

Il faut une force d'esprit peu commune pour renoncer à l'opinion qu'on a toujours professée, pour faire autrement qu'on a toujours fait ; pour rejeter loin de soi ce que naguère on regardait comme la vérité ; enfin pour se soumettre de bonne-foi et sans réserve à l'autorité et à l'esprit d'une loi nouvelle.

Il est des cas où il faut oublier, et tout le monde ne sent pas la nécessité de cette méthode inusitée de perfectionnement ; aussi avons-nous vu souvent, et très-souvent, les juges les mieux intentionnés chercher, peut-être sans s'en apercevoir, à revenir à ce qu'ils avaient autrefois pratiqué, tantôt par des analogies forcées, tantôt en resserrant la loi dans des limites trop étroites, tantôt en décidant les hypothèses non prévues plutôt dans l'esprit des lois anciennes, que par les principes de la législation nouvelle; et s'il a été rendu tant de jugemens illégaux dans les matières de testament, d'adoption, de divorce, de droits féodaux; et si pour arrêter ce mouvement rétrograde il n'a pas moins fallu que l'intervention toute entière du gouvernement le plus absolu qui ait jamais existé, il n'en faut pas chercher la cause ailleurs que dans les opinions politiques, judiciaires ou religieuses que quelques magistrats avaient professées antérieurement aux dernières lois.

L'action successive ou simultanée des causes que nous venons d'indiquer peut faire tomber les juges dans l'erreur, ou les pousser hors des limites de leurs attributions; c'est ce que nous désignons en termes techniques par violation de la loi, ou excès de pouvoir.

VI.

Il y a violation simple de la loi, de la part des tribunaux :

Quand ils ne font pas ce que la loi ordonne ;

Quand ils défendent ce qu'elle permet ;

Quand en faisant ce que la loi ordonne, ils n'observent pas les délais, ou les formes voulues ;

Quand ils appliquent la loi à des hypothèses pour lesquelles elle n'est pas faite ;

Quand en l'appliquant à des espèces non prévues, ils s'écartent de l'esprit et du but du législateur.

VII.

Il y a excès de pouvoir de la part des tribunaux quand ils font des actes de jurisdiction qui ne leur sont pas attribués par la loi.

Ainsi,

Ils usurpent le pouvoir législatif quand ils ordonnent ce que la loi n'ordonne pas, ou quand ils défendent ce qu'elle ne défend pas.

Ils usurpent le pouvoir exécutif quand ils s'immiscent dans l'exécution de ses ordres, quand ils s'y opposent, quand ils en poursuivent les agens.

Ils usurpent le pouvoir administratif quand ils connaissent des matières qui sont attribuées aux administrations, soit à raison de la nature des choses, soit à raison de la qualité des personnes.

Enfin les tribunaux peuvent usurper même le pouvoir judiciaire, quand ils jugent en dernier ressort les procès sujets à l'appel.

Quand ils connaissent par appel des matières qui n'y sont pas sujètes.

Quand ils retiennent des demandes auxquelles la loi assigne d'autres juges, etc.

VIII.

Dans ces divers cas, et encore dans quelques autres qu'il serait trop long d'indiquer, l'intérêt public est gravement compromis, car comme tous les droits n'existent dans l'ordre social que sous la protection de la loi, tous sont menacés quand un seul peut être impunément attaqué; et un gouvernement fondé sur la meilleure théorie, n'existerait que peu de tems, si les diverses branches du pouvoir pouvaient impunément se confondre.

C'est sur ces motifs que se fonde l'établissement d'une Cour unique, placée au-dessus de tous les autres tribunaux; les agens du Gouvernement et les particuliers pourront également y avoir recours pour dénoncer les jugemens qui contiendraient violation de loi ou excès de pouvoirs : ces actes y seront examinés sous ces deux rapports; et si la plainte se trouve fondée, la Cour éclairera les tribunaux, soit en les ramenant à l'exécution précise de la loi, soit en les contenant dans la sphère de leurs attributions.

C'est cet établissement que nous désignons par la qualification de *Cour Suprême.*

Les décisions qui en émaneront ne sont

pas, à proprement parler, des jugemens ; car tout jugement suppose la vérification d'un fait, avec le but d'y appliquer la loi qui le régit.

Or, la Cour Suprême tient pour constant les faits vérifiés par le tribunal en dernier ressort, autrement elle ne serait elle-même qu'une Cour d'appel ; et nous avons vu ailleurs qu'il ne faut pas multiplier indéfiniment les recours.

On doit donc définir ainsi la décision de la Cour Suprême. Un acte d'administration judiciaire, par lequel un jugement est examiné dans la vue de savoir s'il a été légalement et compétemment rendu.

Si le tribunal a violé les lois de la matière ou de sa compétence, l'annullation du jugement en devient une conséquence nécessaire, car cet acte ne pouvait avoir d'effet qu'autant qu'il était censé rendu en vertu de la loi, et comme tel soutenu par la puissance publique ; mais dès que le vice est reconnu, et l'appui retiré, il n'y a plus de jugement, il ne reste qu'un avis particulier, sans force et sans pouvoir.

La Cour Suprême étant une fois saisie de l'examen d'un jugement, il semblerait naturel qu'elle prononçât aussi sur l'intérêt particulier, en même tems que sur l'application de la loi, ce qu'on appelle au barreau *juger le fond.*

Mais si cette faculté lui était accordée, il est presque impossible que la Cour Suprême ne dégénérât pas en simple Cour d'appel; elle y serait entraînée par la seule force des choses, et paralyserait ainsi les tribunaux institués pour juger en dernier ressort. Il est donc plus convenable et plus conforme aux principes, qu'après avoir été examinée dans l'intérêt de la loi, la contestation soit renvoyée aux tribunaux d'appel; en suivant cette voie, la leçon devient plus douce, elle produit plus d'effet, les tribunaux sont mis plus à portée de voir en quoi ils se sont trompés, et l'ordre de jurisdiction n'est point troublé.

D'après les fonctions ainsi déléguées à la Cour Suprême, on voit que dans le système judiciaire elle est le couronnement de l'œuvre, et comme le centre de gravitation qui contient et dirige tous les autres pouvoirs.

Mais pour qu'elle puisse produire tout l'effet qu'on a droit d'en attendre, il faut qu'elle réunisse une grande autorité, à une grande considération.

IX.

Quoique la Cour Suprême exerce également son action protectrice, soit qu'elle confirme, soit qu'elle annulle le jugement qui lui est soumis, il en résulte cependant deux effets bien différens.

Dans le premier cas, qui doit être nécessairement le plus commun, l'autorité agit d'une manière presque insensible, le jugement est exécuté ainsi qu'on pouvait s'y attendre ; le plaideur, déjà résigné, garde le silence, et bientôt on n'y pense plus.

Quand, au contraire, la Cour Suprême annulle

annulle un jugement, le cours de la justice
paraît troublé, les plaideurs changent de
rôle, et, par une suite inévitable des fai-
blesses du cœur humain, cette décision,
quelque juste qu'elle puisse être, mécon-
tente nécessairement, et la partie intéressée
qui perd ses avantages, et les juges dont l'erreur est proclamée.

Ce sentiment s'éteint dans le cœur des
particuliers, mais il finit auprès des juges
par se transformer en esprit de corps, et
aurait dans la suite des effets pernicieux, s'il
n'était comprimé par un ressort dont la force
soit dans une proportion incommensurable
avec la résistance supposée.

Cette force indispensable se trouvera dans
une disposition si naturelle, qu'il est éton-
nant qu'elle n'ait pas été adoptée plutôt. On
donnera à la Cour Suprême le droit d'appliquer définitivement la loi ; c'est-à-dire que
dans le cas où le second tribunal embrasse-
rait l'opinion condamnée par la Cour su-

B

prême, alors, et pour ce cas seulement, cette Cour jugerait le fond du procès.

Nous avons dit que cette disposition était *naturelle*; et effectivement, par qui peut-on espérer que le doute qui naît dans l'application de la loi sera convenablement éclairci, si ce n'est par une assemblée nombreuse d'hommes également instruits, exercés et désintéressés ?

Pour donner plus de solennité au jugement qui interviendra dans cette occasion extraordinaire, la Cour suprême pourra s'environner de toutes les formes propres à en assurer la sagesse, et à en prouver l'importance; soit en réunissant tous ses membres, soit en s'assemblant sous la présidence du chef administratif de la justice, soit en provoquant de la part des tribunaux dissidens, des mémoires à l'appui de leur opinion, soit en ordonnant que la discussion et la délibération auront lieu au moins pendant deux séances, et autres semblables.

Une décision environnée de telles précautions sera nécessairement bonne; elle rendra les seconds recours beaucoup plus rares, et aura du moins l'incontestable avantage d'être obtenue à moins de frais; car il ne faut pas laisser ignorer que les plaideurs souffrent toujours de l'opiniâtreté des juges, et qu'un procès qui peut durer plusieurs années, et donner lieu à cinq ou six arrêts successifs, entraîne des frais énormes, et devient presque également funeste (quel qu'en soit le succès), à la fortune des deux parties collitigantes.

Mais, dira-t-on, si la Cour suprême tranche ainsi les questions élevées par les tribunaux, elle s'arrogera le droit d'interpréter la loi, et usurpera elle-même le pouvoir souverain.

Cette objection n'est fondée que sur une équivoque.

On n'interprète point la loi quand on juge un procès; on ne fait que l'appliquer; et c'est ainsi que mentent tous les jours ceux qui flagornent les juges, en leur disant qu'ils sont les interprètes des lois.

Un, ou plusieurs jugemens rendus sur la même question, peuvent bien indiquer la route et faire doctrine, mais ils n'ont aucune autorité absolue ; l'interprétation de la loi ne peut et ne doit avoir lieu que de la part de l'autorité souveraine, et dans les formes législatives. Si cette autorité, si ces formes étaient employées dans une hypothèse particulière, alors le pouvoir législatif se constituerait juge ; après avoir jugé un procès, il n'y aurait aucune raison pour qu'il ne les jugeât pas tous, et les limites constitutionnelles seraient franchies.

Sous la constitution de l'an 3, quand un tribunal d'appel persistait dans l'opinion déjà condamnée par la Cour de cassation, on avait recours au corps législatif.

Cette mesure était en opposition avec tous les principes que la même charte avait proclamés en matière judiciaire.

Les lois sont faites pour régler l'avenir, et pour embrasser, par forme de disposition gérale, une ou plusieurs séries d'hypothèses. Il est donc contre leur nature d'être portées afin de terminer une difficulté particulière, et pour être appliquées à des faits qui leur sont antérieurs.

En ce moment, la législation réserve au Conseil d'État le droit de prononcer définitivement sur la différence d'opinion manifestée dans le jugement des procès, par les Cours d'appel et par la Cour de cassation; de sorte que c'est-là que se jugent les seconds ou troisièmes recours.

Cette disposition est mauvaise sous tous les rapports.

Elle choque tous les principes admis en fait d'indépendance judiciaire, puisque le Conseil d'État est évidemment dans la dépendance du Prince.

Elle force la confiance publique, plus naturellement placée dans une assemblée nombreuse de magistrats vieillis dans la connaissance des lois, que dans un comité de fonctionnaires moins habituellement occupés de matières litigieuses.

Elle donne lieu à un contre-sens arithmé-tique, en ce que la majorité supposée dans le Conseil d'État est toujours numérique-ment bien au-dessous de la majorité présu-mée dans la Cour suprême.

Enfin, non-seulement elle surchargera de contestations minutieuses, et de sollicitations particulières le Conseil d'État, qui n'a pas trop de tems à donner aux grandes affaires qui lui sont nécessairement soumises, mais encore elle l'abaissera dans l'opinion publi-que, qui se le représentera comme employé à discuter des questions particulières, tandis qu'il ne doit s'occuper que des affaires gé-nérales relatives à l'armée, aux finances, au commerce, à l'agriculture et aux arts.

En un mot, si en pareil cas le Conseil d'État croit faire une loi, pourquoi néglige-rait-il les formes nécessaires à l'exercice du pouvoir législatif? Et s'il ne s'agit que de juger un procès, pourquoi l'arracher au pouvoir judiciaire?

Les principes prévaudront tôt ou tard,

et cet état de choses ne peut pas être du-
rable.

Cette discussion écrite depuis plusieurs
années, s'applique très-bien à la question
qui s'agite en ce moment, savoir s'il y aura
comme autrefois un Conseil des parties.

La raison de décider est la même, et nous
espérons que ceux qui sont chargés de faire
parvenir la vérité aux pieds du trône ne seront point étrangers aux motifs que nous
avons déduits.

Ils se rappelleront que les arrêts du Conseil avaient peu d'autorité auprès des Parlemens, qui non-seulement en éludaient l'exécution, mais en faisaient quelquefois pour-
suivre et punir les porteurs.

Que ces arrêts avaient encore moins la
faveur publique, parce qu'il était facile aux
gens en faveur de s'en servir comme moyen
d'oppression.

Que l'indépendance du pouvoir judiciaire
est une idole que le peuple chérit d'autant

plus, qu'il est mieux éclairé sur ses vrais intérêts.

Ils n'oublieront pas sur-tout les leçons de l'histoire, qui nous apprend que les tribunaux sont essentiellement purs; que le magistrat qui doit compte de sa vie entière à ses concitoyens, se refuse avec courage à toute iniquité évidente; et que chaque fois que le pouvoir tyrannique a voulu agir sur l'honneur, la vie et les propriétés des citoyens, son premier soin a toujours été de dépouiller le pouvoir judiciaire; de là, les commissions, les listes d'émigrés, les tribunaux militaires, les mesures de police, les cours spéciales, et autres établissemens de circonstances, dont on n'a jamais usé que pour le malheur du peuple, qui touche souvent de près à celui des rois.

A l'autorité qui réprime, il faut que la Cour suprême réunisse la considération qui en adoucit l'exercice.

La première base de cette considération

doit se trouver dans le choix des magistrats appelés à ces hautes fonctions.

Ils doivent avoir de bonne heure approfondi les lois, et contracté l'habitude du travail.

Ils doivent être au-dessus des préjugés par la philosophie, et au-delà des passions par leur âge.

Ils ne doivent laisser aucune espérance à l'intrigue, parce qu'ils sont armés contre l'ambition par la simplicité de leurs mœurs, et contre la séduction par l'austérité de leur conduite.

Enfin ils doivent méditer sans cesse et les grands principes qui protègent tous les droits, et les écrits des sages qui s'en sont occupés, afin que les décisions puisées dans des sources aussi pures, aient sur les esprits le pouvoir de la vérité, et sur les cœurs l'ascendant de la vertu.

Il existe toujours dans un état un assez grand nombre d'hommes qui réunissent ces qualités, parce que l'étude des lois améliore ceux qui s'y livrent; on les découvrira sans peine, si on tient invariablement aux diverses conditions d'éligibilité que nous avons indiquées en traitant du choix des juges.

La considération ainsi méritée s'accroîtra par la conduite extérieure du Prince à l'égard de la Cour suprême, et par quelques accessoires qui ne sont pas sans pouvoir, parce qu'ils parlent aux sens.

Et puisque la justice se rend au nom du Prince, ne serait-il pas convenable qu'au commencement de son règne, et une seule fois, il vînt siéger à la Cour suprême, et donner ainsi d'une manière visible la première impulsion à tous les tribunaux.

Henri IV siégea jadis au Parlement, et la tradition nous a conservé l'embarras de ce bon Roi, qui ayant entendu parler successivement deux avocats adverses, trouvait qu'ils avaient tous deux également raison. . . .

. . . .
. . . .
. . . .
. . . .